Yukiko Style

由紀子スタイル

柏木由紀子

おしゃれは私のライフワーク。生きるエネルギーです

２０１３年にブログを、２０１７年にインスタを始めて、私にとってはごく当たり前のことだった「何歳になってもおしゃれは楽しい！」という呟きに、多くの方が共感のコメントを寄せてくださいました。

２０２３年には、なんと、私の好きなファッションを紹介するスタイルブックを、2冊も出すことができました。

子供の頃から内弁慶で極端な人見知り。家にお招きしたお客様に、打ち解けた笑顔も見せられなかった私が、自分のライフスタイルを公開するなんて。天国で見ている違いない主人も、さぞ驚いていることでしょう！

思い返せばさまざまな場面で、私はファッションに元気をもらってきたように思

います。そんな、日々に力をくれるおしゃれの楽しさをお伝えできればと思っていたところ、「由紀子さんのこと、もっと知りたい」という多くの声を受け、今回新たな書籍を上梓する運びとなりました。
「奇跡の75歳！」と言われてから2年の歳月を重ねた私を、皆さんは今も「奇跡の77歳！」と言ってくださるでしょうか（笑）。

この本を手に取ってくださった方々に、「自分らしいおしゃれの見つけ方」や「おしゃれのトキメキ」を、ほんの少しでもお届けできたら幸いです。

柏木由紀子

由紀子スタイル　もくじ

はじめに　2

chapter 1　おしゃれはわたしの元気の源

77歳になった今が一番自由にファッションを楽しんでいます　10
例えば「スキニーシルエットをブーツにイン」が「着ていて安心」の定番スタイルでしたが……　14
トレンドとはつかず離れず。振り回されることなく、テイストは香らせて　18
「はじめまして」のブランドも私らしく着こなしたい　22
年齢とともに気になるパーツは無防備にしない　26
ベルトでひとひねり加える〝手間〟を惜しまない。脱・無難も垢抜けるコツ　30
スカート丈が長くなった今こそライダースに挑戦する好機です！　33
「違和感？」と迷うときも私らしくアレンジして着こなします　37

chapter

2 柏木由紀子をつくっているもの

話題の「由紀子巻き」。基本スタイルは同じでも日々情報はアップデートしています　42

最初は「隠す」ためのツールだったメガネも私を「表現」するためのファッションアイテムに　45

思い出深い洋服に今のトレンドをひと匙加えてリフレイン　50

好きな洋服や小物は人生のパートナー。いたわりながら共に生きていきたい　54

ヘビーユースのアイテムは色違いでキープ！　無自覚の偏愛アイテムも発見しました　58

レザーアイテムは茶系を中心に。風合いなど、経年変化もまた魅力のひとつ　62

リピ買いしていた「ノーネーム」から「柏木由紀子コラボモデル」が発売されました！　66

スカーフはポイント使いするより同系色で馴染ませます　71

家族でお揃い！　ルームウエアの定番はネーム入りの「ユニクロ」です　74
プチプラブランドも上手に活用。気に入ったら、得意の「色違い買い」で　78
愛犬レアとは常に一緒。お散歩スタイルなど、着こなしの幅が広がって　81
習い事と趣味は、ギターを少々。麻雀が料理のモチベーションに　84
捨てるよりも「また使えるんじゃないか」と
考えるのが由紀子スタイル　88
車は私の生活の一部。非常時の備えも万全で頼りになるパートナーです　90
おしゃれのヒントはウインドウショッピングにあり！　94
カフェ好きは母からの遺伝？　レアOKのところを探します　98
振り返れば20年。この家を建て替えて私は人生の再出発を果たしました　100
ジムに通ったことはありません。毎日の家事がそのまま、私のエクササイズです　102
毎日のルーティーンは……のんびりマイペースで進めます　104
ブランチはその日の気分で。ひとり時間を楽しんでいます　106

ゲストをお招きする習慣が、家の中をきれいに整える、最大のモチベーションです　108
実は自撮りも得意です。カフェでの写真はタイマーを使って　110
お手製のランチョンマットやコースターは家族で過ごした思い出の品です　111
スキンケアはシンプル。スペシャルケアで血行改善しています　113
ファンデは明るく、
マットにし過ぎないこと。シミやくすみをカバーし過ぎないことも大切　116
眉が印象の決め手。メイクも洋服同様、
足し算よりも引き算を意識して　118
無心で集中できるのが
編み物の魅力。製図を引いて、オリジナルをデザインします　120
寒さ調節にはカイロや防寒用のインナーが活躍　123
ショルダーラインと〝小顔〟の意外な関係　124
アイディアとセンスを活かしてオリジナルバッグを企画中！　126

chapter 3 柏木由紀子クロニクル

極端な内弁慶でおしゃれが大好き。劇団入団後に、モデルの仕事を始めました 130
高校2年生で映画デビュー。坂本九との運命の出会いが…… 134
人生で1、2を争う大決心から約1年の交際を経てゴールイン！ 138
120％幸せでした。たったひとつの不安は「彼がいなくなってしまうこと」 142
子供達と夫が遺した家は、私が守る。38歳で迎えた、人生のターニングポイント 146
人生の巡り合わせは
私もやっと、新たな道を自分の足で歩きはじめました 153
おかげさまで、インスタのフォロワー数が10・7万人を突破しました！ 156
おわりに 158

chapter 1

おしゃれはわたしの元気の源

77歳になった今が一番自由にファッションを楽しんでいます

「苦手な服」は、できるだけつくらないようにしています。

それは「色」に限らず、「シルエット」や「デザイン」に関しても同じ。最初から「苦手」と決めてかからず、何でも1度はトライしてみようと、70代も後半の今、考えられるようになりました。

例えば「色」に関して言えば、10代、20代はネイビーやグレー、それ以降はベージュやキャメルを中心に、ずっと茶系が好きです。でも、「着ない色」はありません。20代30代の頃なら絶対に選ばなかったオレンジや紫も着るようになったのは、自分でもちょっと驚く変化です。

今は、「好きなものを楽しむ」ことが、唯一のマイルール。毎朝、新聞に載っている占いのラッキーカラーをヒントに、パズルのようにコーディネートを楽しんでいます。

占いには当然、喜ばしくないことも書かれていますが、そちらはあまり気にせず、セレクトのヒントになること、楽しそうなことだけをピックアップしています。何を着ようか、何をしようか決められない日は、何となく背中を押してもらう感じで。楽しいですよ。

そしてシルエットに関しても、オーバーサイズのものは一切着なかったのですが、さすがに長く続くトレンドを無視し続けるのも……ということで、今回は私にとって未知のシルエットにも挑戦してみました。とても新鮮な体験ですし、「また少し前に進めたかな」という気分です。

ゆったりしたシルエットのパンツに初挑戦！　白シャツにネクタイのマニッシュなスタイルも新鮮。

コンバットブーツは「ジャンビト ロッシ」。たっぷりのボリュームが、足元をすっきり見せます。
コートは「セリーヌ」。

例えば「スキニーシルエットをブーツにイン」が「着ていて安心」の定番スタイルでしたが……

スキニーパンツが大好きです。動きやすいですし、私が大好きな、ブーツに合わせたジョッキー（乗馬）スタイルにもスキニーパンツは欠かせません。

華やかな色のトップスを着るようになって、ボトムスにホワイトや黒のスキニーパンツを合わせることが多かったかもしれません。スニーカーも合わせやすいですよね。

今まで、ワイドパンツはどれだけ流行しようとも、何となく落ち着かない気がして避けてきました。でも、SNSにアップしたパンツスタイルを見て、「ちょっと違うのにも挑戦してもいいかな」と感じて、２０２４年はヒップから腿《もも》にかけてゆったりとしたシルエットのパンツにトライしてみました。

前のページで着用しているパンツは、「3.1 Phillip Lim（スリーワン フィリップ リム）」。アメリカ、ニューヨークを拠点とするファッションブランドです。

ワイドなシルエットのパンツに挑戦するのは初めて。何となく服に着られてしまう気がして不安だったので、ショートブーツにインする私のスタイルに引き寄せた着こなしにしたので、それ程、違和感はありませんでした。

パンツのウエストの位置が高いので、ゆったりしたシルエットでもバランスよく着こなせている気がしますがいかがでしょうか。脚長に見せてくれる効果もうれしいポイント。

新しいファッションに挑戦するときは、いつでもワクワクするものです。この高揚感が、いつも私に元気をチャージしてくれます！

スカーフは「セリーヌ」。モノトーンのシャープなイメージに、女らしさをプラス。

「ストラスブルゴ」のネクタイを蝶結びに。あえて左右のバランスを崩して。

「パンツをブーツにインしないで着ると、もっさりして見えるので私はNG。

ランダムで太めのボーダーならカジュアル過ぎずに着こなせます。ハイウエストのパンツにも好相性。

トレンドとはつかず離れず。振り回されることなく、テイストは香らせて

ここ何年かは、女優のダイアン・キートンさんの着こなしが好きなんです。彼女は１９４６年生まれの同世代。ジャケットの着方や眼鏡のセレクトがセンスよくて、とても参考になります。年齢を自然に受け入れているような笑顔も素敵。

「自分のスタイル」を持った人の着こなしには、その人自身の生き様が映し出されているようで、大人ならではの魅力を感じます。さらにそこに時代の空気感やトレンドがほのかに香っていたら、理想的。

トレンドには左右されないけど、自分に似合ったトレンドは取り入れる、その匙《さじ》

加減が難しいですね。トレンドに関わらず、「自分のスタイル」は大事にしたいし、「好きなものは好き」という気持ちも大事。

いくら「ものすごく流行っている」と言われても、好きでなかったら私はやっぱり着ないかな……。

とはいえ、たまには「私のスタイル」とは違っても、「ちょっと冒険してみようかな」と思うことも。予想をいい意味で裏切って、「新たな自分を発見した」とか、よい結果を生むこともあるので。そこがファッションの面白さですね。

以前は海外ブランドに目がいくことが多かったのですが、ここ数年は国内外を問わず、いろいろなブランドを試しています。

デザイナー・阿部千登勢さんの「sacai」や、20〜30代の女性をターゲットにした「FRAY I.D（フレイ アイディー：28ページで着用）」、それから「イッセイミヤケ」を着るようになったのも、最近なんです。

ワンピースは阿部千登勢さんの「sacai」。ニットと布帛《ふはく》プリーツの異素材ミックスが面白い。

「sacai」を着始めたのは、ここ２年ほど。少し変わったデザインに惹かれて着始めました。

「はじめまして」のブランドも私らしく着こなしたい

ご存じの方も多いと思いますが、「ラルフローレン」の長年のファンです。でも、だからといってラルフ一辺倒というわけでなく、いろんなブランドの服を着ています。「PLEATS PLEASE ISSEY MIYAKE」が大人気の「イッセイミヤケ」も、今年初めてトライしたブランドです。24、25ページのイエローのニットは3WAYに着られる発想がユニークだし、パッと目を引く発色も魅力。

原色は「派手かな〜」なんてためらった時期もありましたが、40代50代の頃より、今のほうが鮮やかカラーが似合うようになったみたい。何と言っても、気持ちが華やぎますしね。

鮮やかな色を取り入れるときは、ボトムスよりトップスで着たほうが合わせやすいかなと思います。そして白や黒など、はっきりした色に合わせるよりも、ブラウンやグレーなど、ニュアンスカラーに合わせると、私はしっくりくることが多いです。

色やブランドだけでなく、私はファッションに関しては好奇心旺盛なのかもしれません。いろんなものにチャレンジするのが本当に楽しいです。

ただ、「3色以上使ったコーディネートはしない」のはマイルール。物足りないと思っても、無理して差し色を使うことはないんです。デザインで冒険したら、色は自信を持って着られるお馴染みの色を。色で冒険したら、デザインはシンプルに、柄では冒険しない。そうやって足し算・引き算して、自分の中で「落とし所」「納得するバランス」を考えているのかもしれません。

「イッセイミヤケ」を購入したのは今回が初めて。3WAY に着こなせるというアイディアニットです。ブラウジングのようになったニットの裾をスカートにイン。すらりとした印象で着られます。

右の写真でベストのようになっている部分を肩から外すと、ロングニットに。胸のドレープの代わりにペンダントを。

スカートにインしていた部分を出すと同色のベストを重ねたようなレイヤースタイルに。

年齢とともに気になるパーツは無防備にしない

ジャケットの腕をまくったり、夏にはちょっと胸元の開いたトップスを着たり。適度な〝肌見せ〟はこなれた印象になりますが、残念ながら首や肘、手元など、「年齢が出やすいパーツ」はあるものです。

上半身なら長袖やタートルネックで「隠す」という方法もありますが、そんなときは大ぶりなアクセサリーでインパクトをもたせ、視線を分散させています。

もともとアクセサリーは大好きで、1人で家にいるときもノーアクセでは物足りないし、ましてや外出したときに付け忘れたら、そわそわして落ち着きません。特に春夏は胸元も開いたデザインが多いので、視線を逸らす意味でも、ネックレスなど、アクセサリーの力を大いに活用しています。

ピアスとネックレス、リングとブレスなど、シリーズで揃えるのが好さです。シルバーでもゴールドでも、大胆なデザインも華奢でフェミニンなタイプも、どんなものにも挑戦して、セレクトの基準は「好き」かどうか、それだけ。いつもその日の装いに合わせて決めるので、「私の定番」というアイテムはないかもしれませんね。ただし、シルバーとゴールドは「混ぜない」ことがマイルールです。

ブレスレットは、シルバー製やレザータイプで、大ぶりなものが好みですね。メンズライクな腕時計も活用しています。手首のように華奢で女らしいパーツに、あえてシャープなバングルを合わせるギャップを楽しむのが、今の気分です。

「アレキサンダー・マックイーン」のベルトはインパクトあるデザインがお気に入り。愛用しています。
1本で2本に見えるデザインです。

シルバーアクセは「ティファニー」「アダワット トゥアレグ」、「ローリーロドキン」から。

「カルティエ」のラウンドフェイスは黒の革ベルト。マニッシュなボーイズサイズ。

ペンダントはオランダのデニムブランド「デンハム」のシンボルモチーフ。

ベルトでひとひねり加える〝手間〟を惜しまない。脱・無難も垢抜けるコツ

シンプルなコーディネートが着こなしの基本ですが、そこにちょっとだけ〝ひねり〟を加えるのが好きです。例えば、クルーネックのセーターにデニムとスニーカー……定番だしおかしくはないけれど、私らしくアクセサリーやベルト、スカーフやブーツなどの小物で、必ずどこかにポイントを加えます。

32ページで着用した、シルエットのきれいなテーラードジャケットにベルトを締めるコーディネートは、ダイアン・キートンさんをイメージしています。

目線が下がって重たい印象になりがちなロングスカートも、太めベルトでウエス

トマークすれば、脚長効果が期待できるうえにコーディネートにメリハリが。

シンプルなデザインはもちろん、ウエスタン調からカラフルなタイプ、細めやチェーンタイプまで、さまざまなデザインのベルトがいつの間にか増えていました。

ローライズはあまり好きではないので、ジャストサイズのものがほとんど。

私と同世代の方には、体型を気にしてベルトを避ける方もいらっしゃいますが、そんなときこそベルトを使ってメリハリをつけるのがおすすめですよ。

ひとつのジャケットやワンピースでも、ベルトを変えることによって表情ががらりと変わります。もちろん、「今日は忙しくて時間をかけていられない」日もありますが、できる限り「面倒」を「楽しみ」に変えてみてくださいね。

テーラードジャケットにベルトを締めるコーディネート。丈が長すぎて着られなかった20数年前のジャケットもベルトでこのとおり。

スカート丈が長くなった今こそライダースに挑戦する好機です！

最近はジャケットスタイルをよく見ますよね。私にとってジャケットは、もともと好きなアイテムのひとつです。「肩が凝るからジャケットは着ない」という方は多いのですが、ショルダーラインが美しいジャケットは、着るだけで自然に体型をカバーしてくれる、実に心強い存在です。

一方、私が長い間、憧れの存在として遠目に見ていたのが、革のライダースジャケットとGジャンです。どちらも「カッコいい」とは思うのですが、着ていると疲れてしまって。特に革のライダースは気に入って買ったのにハードすぎる気がして

ライダースは「バレンシアガ」。デニム風ロングスカートは「ロエベ」。スカーフで女らしさを添えて。

「ロエベ」のライダースに、色違いで３枚購入したラルフ ローレンのニットワンピースを合わせて。

しまい、「やっぱり無理……」と諦めかけていたんです。

そんなときに、お店の方が私がライダースを買ったのを覚えていてくださり、「ロングスカートとライダースは相性いいですよ」と薦めてくださいました。確かに実際に着てみると、重心が低く見えがちなロングスカートに、ショート丈のライダースはバランス抜群。しかも着れば着るほど身体に馴染み、着心地がよくなることを発見！　私が10代20代の頃、デニムはもっぱら作業着でしたし、ライダースはちょっとトガッた、不良やロックのイメージでした（笑）。でも今は、ハードなアイテムにフェミニンなワンピースやスカートを合わせるのが当たり前というか、むしろおしゃれ。ファッションに「決まり」はなくなっているな、自由になってるな、と感じます。少し不思議な感覚ですが、「自分の常識」と違うことを否定するよりも、「楽しそうな波にはあえて乗ってみる」ほうが、新たな自分発見につながるかもしれません。

「違和感？」と迷うときも
私らしくアレンジして着こなします

下見や試着を繰り返し、ファッションアイテムの購入にはかなり慎重な私ですが、それでも新たなアイテムを購入した後に、「ちょっと違ったかも?!」と思うことはあります。

次のページで紹介しているデニムのスリップドレスがまさにそうなんです。講演会に着ていこうと購入は決めたものの、「私らしくないかな？」と思って、着用を止めました。

ファッションは「私らしくある」ことが最優先なのですが、SNSに投稿するよ

スウェーデンのブランド「ACNE（アクネ）」のスリップドレスはデニム素材。私にしては大胆だったかも？ なアイテムです。

「マルニ」のデニムジャケットに同素材のパンツで。上下デニムを合わせているのをインスタで見かけたので。

うになってスタイルブックも出させていただき、街では「本、拝見しました！」とお声がけしていただく機会も増えました。

ファッションはプライベートなものですが、注目してくださる読者の方が期待するイメージから大きく外れてしまうのも、「ちょっと違うかな」と迷ってしまうんですね。

難しいアイテムほど、挑戦のしがいがあるし、案外「大丈夫！」と思えることも多いので、日々、１人ひそかにトライ&エラーを繰り返しています。

今回、私のファッションを撮影していただいてわかったのは、今の私には「これをやらない」というルールがほとんどないという事実。最初から「トライもせずにこれはなし」というものをつくらないのが、私のコーディネートのキーワードなのかもしれません。

chapter 2

柏木由紀子をつくっているもの

話題の「由紀子巻き」。基本スタイルは同じでも日々情報はアップデートしています

ヘアスタイルに関してはご質問いただく機会も多く、度々お答えしていますが、ここ10年、基本的にほぼ変わっていません。

ただ、同世代共通の悩みとして、髪のボリューム感をキープすることが、ますます大きな課題になっています。美容師さんにも、根元がふわっと立ち上がり、カールした髪がきれいに流れてまとまるよう、カットでレイヤーを入れていただいています。パーマはかけていません。

朝が特別早い場合を除いて、基本的にシャンプーはお出掛け前。最初に「アヴェ

ホットカーラーを使いカールをキープするためスタイリング剤を使うようになりました。

ダ」の『パドルブラシ』でブラッシングし、血行促進してからシャンプーします。最近は「ｕｋａ」の頭皮ブラシもお気に入り。娘からのプレゼントで「ニップラックス」の『ＥＭＳヘッドスパプレミアム』も使い始めました。

ドライヤーは「ダイソン」を使用。髪が乾燥し過ぎないよう、短時間でパーッと乾かします。髪の根元を立ち上げるためにも、表面だけでなく、地肌からしっかり乾かすことが大切です。髪が乾いたら、最後に冷風を当て、開いたキューティクルを閉じてあげるといいそうですよ。

セットは太めのロッドのホットカーラーを使います。カーラーで巻くときには、カールをキープするためにスタイリング剤を使うようになりました。以前は髪がベタつきそうで嫌だったのですが、やはりキープ力が上がるようです。

カーラーを巻きながら家事をしたりメイクをして、程よく巻けた頃にほどきます。ブラシではとかさずに、手ぐしでカールをほぐして整える感覚です。

最初は「隠す」ためのツールだったメガネも
私を「表現」するためのファッションアイテムに

昔、「メガネは顔の一部です♪」というCMがありましたが、私とメガネの関係は、まさにこれ。最初は目の下のシワを隠すために使っていたメガネですが、今では「実用」を兼ねたファッションアイテムとして、なくてはならない存在に。

本当は数年前に白内障の手術をしてから、視力的には裸眼で何の問題もないのですが、今さら眼鏡なしで人前に出るのが恥ずかしくて……。それくらい、メガネをかけた自分の顔に慣れきってしまいました。

以前はフランスの「ラフォン」をはじめ、インポートのものが多かったのですが、

メガネは映画『アニー・ホール』でダイアン・キートンが着用した「JULIUS TART OPTICAL」。

「アヴェダ」のパドル ブラシ（右）と「uka」の頭皮ブラシ。毎日のこまめなケアが大切。

猫をモチーフにしたフレームのメガネ。大人の遊び心はさらっと見せるのが正解！　フランスのブランド「XIT Eyewear（エックスアイティー アイウエア）」。

ここ数年はいろいろなブランドを試しています。

46ページの黒いフレームは、「JULIUS TART OPTICAL（ジュリアスタートオプティカル）」。1977年の映画『アニー・ホール』でダイアン・キートンが着用して話題となったモデルの復刻モデルです。ラルフ ローレンのお洋服と合わせたアイビースタイルが素敵でした。私にしては割と存在感のあるボストン（丸型）フレーム。以前はブラウン系がほとんどだったので、これも新たなトライです。

メガネって案外見落としがちなアイテムですが、多分、皆さんの想像以上に、お顔の印象を変えてくれるもの。時間をかけて選んだ服に、私は「最後の仕上げ」としてメガネを選びます。だから、その日にかけるメガネがすぐに選べるように、できるだけ見やすい収納を心掛けています。

日々のおしゃれを楽しむためにも、整理整頓や収納など、細かなことも案外大事なことなのかなと思います。

パリのアイウエアブランド「FREDERIC BEAUSOLEIL（フレデリック ボーソレイユ）」。レッド×グリーンのコンビ。

メイドインジャパンの「EYEVAN（アイヴァン）」は熟練職人によるハンドメイド。グレージュのニュアンスカラーが美しい。

フランスの「lafont（ラフォン）」は大好きなブランド。パッと華やかな印象の赤は、コーディネートの差し色に。

思い出深い洋服に
今のトレンドをひと匙《さじ》加えてリフレイン

小学5年生のとき、母のすすめで劇団に入り、モデルの仕事をするようになりました。最初のお仕事は腕時計の広告。『装苑』や『女学生の友』、百貨店のカタログなど、かなり多くの媒体で洋服を着させていただきました。

1965年くらいでしょうか。『週刊明星』の撮影でヨーロッパに連れて行っていただきました。使ったお洋服はすべてお誂え。最新のファッションに袖を通し、海外のおしゃれを実際に目にして、ファッション誌を眺めて……今考えると、恵まれたことに、身近にトレンドがありました。

52ページで着用しているセットアップは、多分、1970年代にオーダーしたもの。当時はジャンプスーツやテーラードスーツ、ジレ（ベスト）やコーデュロイなどが流行していました。若い方には想像しにくいかもしれませんが、当時はまだ男性のものだったアイテムが、女性のファッションとして注目されていたんです。ショートパンツのスーツにニーハイブーツの着こなしも、トレンドでした。

今回、みなさんにヴィンテージコレクションとして見ていただきたくて、着てみました。

「流行は繰り返される」とはよく言われることですが、私のクローゼットには、ちょっとしたファッション史料館並みの服や小物が保管されています。身につければ、当時の想い出や高揚感が蘇ってきます。「ファッションは私の人生の一部なんだな」と実感する、大切な瞬間です。

70 年代にお誂えしたセットアップ。半袖にニットをインしてニーハイブーツで。

80 年代の「ソニア リキエル」。当時はタイトスカートにパンプスを合わせていました。

好きな洋服や小物は人生のパートナー。いたわりながら共に生きていきたい

私は一度好きになったものは、基本的に捨てない捨てられないタイプ。だから昔のお洋服も古いものでは50年以上前に買ったものもクローゼットに保管しています。

「古いものだから着ない」という考えは、私の中にはありません。

アイテム自体が古いものであっても、

もともとあったものを
今の感覚で
新たに組み合わせれば
「古いもの」が「新しいもの」になる
「こうやって着ると、今の自分にしっくりくるな」と
発見したときは、本当に嬉しい。
「ファッションが好き」「お洋服が好き」だから
一生、愛し尽くすし、共に生きていきたいのです。

「バランタイン」のカーディガンは、「ラルフ ローレン」のラップスカートでスクールガール風に。

「ラルフ ローレン」のチェックシャツの数々。意識してないのに、いつの間にか集まっていた。

40年以上前のイギリスのカシミアブランド「バランタイン」。極上の手触りとあたたかさに惹かれ、何色も揃えた。

ヘビーユースのアイテムは色違いでキープ！無自覚の偏愛アイテムも発見しました

気に入ったものは、色違いで2つ、3つと買ってしまいます。「色違いでいくつも持っていてもつまらない」とおっしゃる方もいますが、私にとっては「サイズ、素材、シルエットともに間違いない」という安心感は重要です。同じブランドの「定番」と呼ばれる商品であっても、シーズン毎のマイナーチェンジで自分にとっての「残念な変化」になってしまうことは、珍しくありません。トレンドの変化でシルエットが微妙に変化していくのは当然とも言えますが、それが自分に似合うか否かは、別の話ですよね……。だから色違い購入は、「もう二度と手に入らない」事態になってしまう前の「保険」でもあるんです。

一方で、色違い購入のように意識はしていなくても、「自然に集まってきてしまう」アイテムもあります。わかりやすい例が「チェック」アイテムです。今回、この本のためにコーディネートを考えていたとき、編集スタッフの方から「柏木さん、チェックお好きなんですね」と言われて、「？？？　別に特別好きなわけではないと思うけど……」とお答えしましたが、「その割にはたくさん集まってますね～（笑）」とのご指摘を受けて、思わず納得。「ラルフ ローレン」を中心に、シャツやスカートなどチェックが本当にたくさん……!!

実は学生だったとき制服のない学校に通っていました。それでチェックの巻きスカートをよくはいていたんです。だから、多分、チェックは私にとって「好き嫌い以前に、あって当たり前」くらい身近ななくてはならない存在。柄物はほとんど着ないので、多用する唯一の柄です。

「ラルフ ローレン」でチェックオンチェックの着こなし。一緒に購入していなくても、相性抜群。

「ユニクロ」のスキニーパンツは色違いで活躍。お散歩スタイルの定番です。

レザーアイテムは茶系を中心に。風合いなど、経年変化もまた魅力のひとつ

私がレザーを好きになったのは「エルメス」のバッグとの出合いがきっかけ。洋服はもちろん、アクセサリーやベルトも含め、レザーアイテムを日々愛用しています。

レザーの魅力は何と言っても経年変化。着れば着るほど、時が経つほど体に馴染み、色合いも本物の輝きを放ちます。長年着たジャケットは心地よく体に沿って、まるで分身のよう。特にスウェード素材はしなやかで、ジャケットには肩パッドもつけやすいから（笑）、さり気なく体型カバーしてくれるのも嬉しいところです。

もちろん、布帛と比べれば厚手だし、重さもありますが、レザーならではの特別感で、背筋がピッと伸びる感覚も好きなんです。

グローブやブレスレットは、「エルメス」で少しずつ買い集めています。ベルトはカジュアルコーデであってもウエストマークして、きちんと感をキープしたい私にとって、なくてはならないアイテムです。しかも、私は小物の色と素材は合わせたいタイプなので、いつの間にか集まってしまいました。

いくらレザーが好きといっても、ヘビー過ぎるものは似合わないので、ロックなイメージがある黒よりも、茶色が圧倒的に多いですね。「カラー診断」は受けたことがないのですが、「イエローベースだから茶系が似合うのよ」と言われることがあるので、茶色好きは無意識に「似合う色」を選んでいた結果なのかもしれません。

「ロエベ」のレザージャケットに日本の「SEAGREEN」のコーデュロイパンツを。色違いで3本所有。

「エルメス」のレザーブレスレット。上質でシックなカジュアル感が魅力のアイテム。

リピ買いしていた「ノーネーム」から「柏木由紀子コラボモデル」が発売されました！

若い頃、「おしゃれは我慢」と思ったこともありました。ハイヒールとコルセットでも苦痛を顔には出さず、にっこり笑って。でも、今はもう我慢はしたくありませんので、無理のない範囲でヒールを履きたいと思っています。

とはいえ、最近ではプレーンパンプスを選ぶことはほとんどなく、ショートブーツかロングブーツ、もしくはスニーカー。しっかりと足をホールドしてくれるデザインなら、多少ヒールが高くても履きやすいんです。それに私はハイヒールを履くことが多かったので、フラットシューズはかえって疲れてしまうので履きません。

ブーツならイタリアンブランドの「セルジオロッシ」や「ジャンビトロッシ」、ジョッキーブーツが有名なフランスの「サルトル」が好き。足のかたちに合っているのか履きやすいので、同じブランドばかりリピートしてしまいます。

フランスのブランド、「ノーネーム」のスニーカーを履き始めたのは、雑誌でマドンナが履いているのを見たのがきっかけ。もう15年程、前になるでしょうか。

それまでは「スニーカー＝運動靴」という印象が強くて、自分がスニーカーを履くイメージなんて、まったくわきませんでした。ファッション的にも、エレガントな服にはエレガントな靴を合わせるのが、当時暗黙のルールだったでしょう？

でも、今はロングのフレアスカートにスニーカーが可愛い！　という時代になって、おしゃれスニーカーが認知されたのは、本当に幸運でした。

しかもノーネームは履き心地がいいうえにシルエットがきれい。厚底なのも私好み。一度気に入ったらこればかりになってしまって、白ばかり何足も揃えました。

ワンピースとジャケットは「ラルフ ローレン」。足元は「ノーネーム」の「SPEED柏木由紀子コラボモデル」。

カシミア100%の上下は「VAGUE」。カジュアルアイテムこそ、クオリティにこだわりたいのです。

インスタで「ノーネーム」を履いた写真をアップしたら反響が大きくて……ついに２０２４年は「柏木由紀子コラボモデル」のイメージデザインをさせていただきました。

ベースになったのは、アイコンモデルの「ＳＰＥＥＤ」。大好きなキャメルがキーカラーになったシックなスタイルで、軽量ですがヒールは５・５㎝。脚長に見えるのも魅力です。私の好みを全面的に取り入れていただいただけに、カジュアルなスタイルならほとんどこれ一足でカバーできる程、大人カッコいいスニーカーです。

そしてもうひとつ、スタイルアップの秘訣が。それは高さ１～２㎝程のインソール。これを靴に入れるだけで背筋が伸びて、歩き方が全然変わるし、写真でも脚長効果は歴然。衝撃を吸収する働きもあるから、疲れにくいんです。

今は本当にいろいろな種類が販売されているので、自分に合うタイプを探してみるといいですよ。おすすめです！

スカーフはポイント使いするより同系色で馴染ませます

海外に行くたびに、必ず買っていた「エルメス」のスカーフ。90×90㎝の定番「カレ」だけでなく、大判のタイプやカシミア素材、細長い「ツイリー」やプリーツまで……色・柄・素材違いが、かなりたくさん集まりました。シンプルなコーディネートにアクセントを加えたり、私らしさを引き立ててくれるのが魅力。首元の開きが気になるときも、さり気なくカバーしてくれるのも嬉しいですね。私はスカーフを差し色として使うより、洋服のメインカラーをリンクさせる同系色コーデが好き。奥行きを感じさせる配色になるような気がします。

スカーフの着こなしは、同系色でまとめて。アレンジはインスタなどを拝見して研究。

右のスカーフ同様、シルバーのリングを使って。
手早く失敗なくアレンジできるからお気に入り。

「エルメス」のプリーツスカーフは、華やかさの
割にボリューム控え目。すっきりまとまります。

家族でお揃い！ルームウエアの定番はネーム入りの「ユニクロ」です

家でリラックスしたいとき、ファミリーユニフォームのように愛用しているのが、「ユニクロ」のネーム入りカットソーです。

意外に知られていないのかもしれませんが、「ユニクロ」には「RE.UNIQLO STUDIO」というサービスがあって、購入した商品には有料で、イニシャルや既存のイラストから選んだ刺しゅうをしていただけます。

わが家ではもう10年以上前から、次女がクリスマスにそれぞれの名前を刺しゅうしたアイテムを、家族全員にプレゼントしてくれるのが恒例になっています。76、

77ページの写真で紹介しています。かわいいでしょう？

自分の名前が刺しゅうで入っているだけで、シンプルなフリースも一気におしゃれリラックスウエアに変身。色違いのアイテムで刺しゅうを同じ色に揃えたり、刺しゅうの字体を揃えたり。毎年、微妙に違うのですが、孫達も含め全員でリンクコーデできるのが嬉しい。「今年は何だろう」って楽しみなんですよ。

私はお誕生日が12月24日なので、お誕生日とクリスマスは同じ日にお祝いします。時期的にTシャツなど夏物をもらうことは少ないのですが、冬は家でこれを着て過ごすことが多いですね。改めて並べてみると、「あの年はこんなカラーだったわね」とか、それぞれに思い出が詰まっていて感慨深い。

私は毎年、クリスマスに何をプレゼントしようかギリギリまで迷って、最後には「何が欲しい？」って直接聞いてしまったり。でも、みんななかなか答えてくれないから、こんな風に「恒例プレゼント」を決めてしまうのもいいアイディアですね。

ネーム入りの「ユニクロ」は、冬のリラックスウエアの定番。次女から家族全員へのプレゼントです。

自分の名前が刺しゅうされているだけで、スペシャル感が出るから不思議。定番として重宝します。

プチプラブランドも上手に活用。気に入ったら、得意の「色違い買い」で

ラグジュアリーなブランドは好きですが、ファストファッションも便利に活用しています。お店をよく覗くのは、「ユニクロ」と「ZARA」かしら。特に「ユニクロ」は、デザインがシンプルでサイズ展開が豊富なのがいいですね。ベーシックなセーターやカーディガン、インナーのタートルの他、特にパンツは重宝しています。スキニーパンツは色違いで何本買ったかしら……(笑)。

プチプラのアイテムを上手に活用する私なりのコツは、「ベーシックなアイテム、シンプルなデザインから選ぶこと」と「コーディネートに1アイテムまでにする」

ことでしょうか。

例えば「ユニクロ」、素材も決して悪くないし、トレンドの加減もちょうどいい。着回しに便利だからヘビーユースして、ちょっとでも「くたびれたかな」と感じたら、外出着からは外すのが、きれいめな印象をキープする秘訣です。特に頻繁にお洗濯する夏物でも、気兼ねなく使えるのがいいですね。

「ZARA」は商品の回転が早く、新しいアイテムがどんどん出ているので、見ているだけでも楽しいですね。

「プチプラ＝カジュアルだからアクセサリーは要らない」ということではなくて、むしろカジュアルさを補う気持ちで、アクセサリーには気を遣って。「え？ それ、プチプラなの？」って驚かれると、嬉しくなってしまいます。

「ZARA」のスキニーパンツを「LES COYOTES DE PARIS（レコヨーテドゥパリ）」のニットと合わせて。

愛犬レアとは常に一緒。
お散歩スタイルなど、着こなしの幅が広がって

２０２１年にわが家の一員になったトイプードルのアンドレアは今年４歳になります。愛称はレア。初めてうちに来たときは９００グラムしかなくて、本当にちっちゃくって。今は２キロくらいかしら。昔、実家ではコリーとトイプードルを飼っていて、結婚後はマルチーズとトイプードル。そういう意味ではずっとイヌ派ですね。とはいえ、前に飼っていたトイプードルの「ゆうき」が亡くなってから３年くらい、犬のいない時期もありました。悲しみに暮れていましたが、自由にお出かけできたり、旅行にも行けました。でも、寂しくて、散歩している犬を見ると、思わ

ず近寄りたくなっちゃうんです。横で見ていた娘は、「誘拐しないでね」って(笑)。多分、ものほしげにじーっと見ていたんでしょうね。「よそのコを連れて帰っちゃうといけないから、飼ったら?」と薦められて。

結果的には、レアをお迎えして本当によかった。どれだけ元気をもらっていることか! 言葉を理解していないとはわかっていても、一日中、話しかけています。「これからお仕事だからね」とか、「ちょっとお風呂入ってくるね」とか。たとえ意思の疎通はできなくても、私の顔をじっと見つめているレアが、愛しいんです。

レアのおかげでたくさん歩くようになったし、スニーカーやデニムのおしゃれなど、カジュアルコーデの幅が広がりました。

唯一の問題は、レアは私から一瞬たりとも離れられないこと。おかげでお風呂もトイレもゆっくりできないし、お買い物していても落ち着きません。人間も犬も、子離れ・親離れは難しいですね。

愛犬・アンドレア（愛称レア）の名前は、グレースケリー王妃の孫でモデルの「アンドレア・カシラギ」さんからいただきました。どこへ行くのも一緒です。

習い事と趣味は、ギターを少々。麻雀が料理のモチベーションに

趣味や習い事というと……4年程前から習っているギターでしょうか。ギターはコロナ禍でリモートになり、一年ほど中断して、今は1カ月に2回だけ、リモートでレッスンを受けています。曲はクラシックに限らず、先生が「次はどんな曲をやりたいですか?」みたいな感じでごく気楽に。ハワイアンだったり『浜辺の歌』だったり、いろいろです。

発表会もあるのですが、私は出たことがなくて。本当にほそぼそと続けています。

あとは麻雀ですね。始めたきっかけは主人でした。デートの口実に「人数合わせ」

で誘われたんです。ずっと中断していましたが、20年ほど前に再開して時々お友達がわが家に集まります。意外と負けず嫌いな性格なので、麻雀に関してはまぁまぁ真剣（笑）。頭の体操にもなるんですよね。

「趣味はお料理ですか？」と聞かれることもありますが、正直言って、私は料理自体、それほど好きではないと思います。とはいえ、別に面倒ではないし、嫌いでもありません。でも、食べてくれる人がいると、「いつも同じものでも……」と思い、いろいろ工夫したりして。それで「美味しいわー」と言ってくれると嬉しくて。

今はネットで簡単にレシピが検索できるから、ごくお手軽なものばかりですが、レパートリーは増えています。これが長く楽しむコツかもしれません。

趣味のギターの練習はマイペースで。「1人時間」を充実させるためにも長く続けられる趣味は大切。

祖母から受け継いだモンペ（元は夏の絽の黒紋付だった）の上下を、モダンにコーディネート。ホームパーティなどで活躍させたい。

捨てるよりも「また使えるんじゃないか」と考えるのが由紀子スタイル

突然ですが……87ページで着用している黒の上下は、祖母から受け継いだものです。ずっと前に譲り受けて、いつかトレンドに合わせて着れるのでは？　と思っているうちに、随分、年月が経ってしまいました。

とても上質な絹の上下で家紋が入っていますから、もともとは黒の紋付だったのだと思います。祖母は明治生まれですから、多分、百年以上前のものでしょう。戦時中に、祖母が上着とモンペに作り直したのではないでしょうか。

そういう時代だったとはいえ、大切な着物をモンペに作り変えざるを得なかった状況や、そのときの祖母の気持ちを思うと、なんとか私が着て、もう一度、日の目を見せてあげたかったのです。

今回、この本をつくるにあたり、スタイリストの犬走比佐乃さんにコーディネートをご相談しました。

インナーにハイネックを選んでみたり、太いベルトをしてみたりと試行錯誤を繰り返して、最終的にはネックレスを幾重にも使うコーディネートに収まりました。足元はショートブーツで。

クローゼットでずっと眠っていたので、祖母も、そして服も、きっと喜んでくれたと思います。

今はファストファッションが全盛で、短期間着たらパッと手放すことが当たり前の時代です。私もファストファッションは楽しんでいますが、一方で「古いものを大切に受け継ぐ」姿勢も、伝えていきたいですね。

車は私の生活の一部。非常時の備えも万全で頼りになるパートナーです

免許を取ったのは18歳のとき。お友達がフォルクスワーゲンの「ビートル」に乗っていたのを見て、「絶対に乗りたい！」と思いました。

1年くらい父にねだり続けて、初めてのマイカーとして「ビートル」を買ってもらいました。それからは、毎日運転して、仕事場へも必ず車。

「ビートル」は最初グリーンで、それから赤になって、薄いブルーのときもありました。途中、ＢＭＷとか、別の車種にも乗りましたが……またビートルに戻って、チャコールグレーとボルドーのバイカラーのカブリオレに乗り、現在の茶色のカブ

愛車は「フォルクスワーゲン」の「ビートル」。小回りが利くので、「都会の足」としてちょうどいい。

リオレに落ち着いたのは、10年程前でしょうか。「ビートル」は運転するにも駐車するにも、サイズ感がちょうどいいんです。限定カラーだったカフェオレ色がお気に入り。屋根はベージュの帆布です。ブラウン系のお洋服が多いので、カラーコーディネートできるところも気に入っています。

本当は環境のためにも電車に乗る方がいいとはわかっているのですが、どこに行くのも車です。私は心配性というか、たとえ家の中でも、常に持ち物を自分のそばに置いておかないと落ち着かない。必然的に外出するにも荷物は多め。「小さなバッグひとつもって、ふらっとお出かけ」なんて、なかなかね……。

その点、車なら、必要なものは普段からひと通り積んで置けるので、とても便利。出かけるときも、さっとバッグひとつで出かけられます。

積んであるのは、防災グッズにホカロン、マスク、ショップカードを入れたカードケースが3つくらい。あとはひざ掛けや、ちょっと上に羽織るもの、それからメイク道具に……。

　インスタなどではポシェットひとつで身軽そうに写っていますが、外出時には、肩が凝るほど重い荷物がないと心配なんです。とはいえ、レアのお散歩をしなくてはいけないから、ここ数年は小さなバッグでも出かけられるようになりました。

　荷物のことを差し引いても、車の運転は好きなんですよね。車でひとりで過ごす時間も好き。コーヒーショップで飲み物を買って、あえて車の中でゆっくり飲むことも。リフレッシュになるし、ぼーっと考えごともできるし、歌を歌ったりと、自分の部屋のようにくつろいでいます。ただ、最近では運転してもらうことも多くなりました。

　車は私にとって趣味以上。移動手段でもあり、生活の一部。「柏木由紀子」には欠かせないアイテムです。

おしゃれのヒントはウインドウショッピングにあり！

その時々のトレンドを探るのは、最近だとインスタを見ることが増えました。でも、街を行き交う人のおしゃれを観察したり、お店のショーウィンドウをチェックして情報収集するのが、私にはやはりしっくりくるし、基本です。

ディスプレイをただ漫然と眺めるだけでなく、「こういうシルエットもいいな」「こういう組み合わせがトレンドなのかな」という目線で、じっくり観察します。

私の買い物はかなり慎重。何度も見に行って、試着して、納得するまでじっくり考えてから購入します。基本的に衝動買いやネットショッピングはしません。

もしかしたら面倒なことをしていると思うかもしれませんが、好きなものだけを徹底的に選んでいるからこそ、ずっと長く愛着をもって着られるのだと思うんです。

それに、「欲しいな〜」と思ったアイテムでもすぐに買わずに、「どう着こなそうか」「何と合わせよう」と考えている時間が楽しいんですよね。旅行する前の準備と、ちょっと似た感覚でしょうか。コーディネートを考えて、すぐにアイディアが尽きてしまうものは、もしかしたら必要じゃないものなのかも。好きで必要なものなら、ずっと楽しくコーデを考えていられます。

メモ魔なので、「あれが欲しい、これも欲しい」って、欲しいものはメモ用紙に全部書いています。これはファッションに限らず、日用品とか、全部です。

買い物に行くときは、メモしてあった「このアイテムを探そう」と、日的をもって出かけることもありますが、「今、何が流行っているのかな〜」と、視察にいく感じのほうが多いかな？

ブランドごとにウィンドウを眺めながら、「今まではこのトレンドは着なかったけど、今年これだけ流行っているのなら、トライしてみてもいい時期なのかしら」とか、「以前は自分に似合うと思わなかったけど、今ならしっくり着られるかも」、あるいは「このシルエットがまた流行っているのなら、ずっとしまってあるアレが使える！」と考えたり。何食わぬ顔で歩いていても、頭の中はクローゼットの中身を総点検するためにフル回転（笑）。そしてまた、それをメモ。

クローゼットで眠っていた昔の服が、今のトレンドアイテムとの組み合わせでバチッとハマったときは、本当に嬉しいし楽しい。こう考えると、ファッションって、頭の体操にも効果がありそうですね。

一度は「欲しい！」とメモしたアイテムでも、いつの間にか欲しい熱が冷めていることもあるし、結果的に手に入れるものもあります。とりあえず結論が出たら、メモのリストからピーッと横線で消します。それがまた、楽しいんです。

「ラルフ ローレン」のショップにて。

カフェ好きは母からの遺伝？
レアOKのところを探します

カフェ好きの娘に影響されて、カフェでお茶を飲むのが好きになりました。

元々、私自身は「せっかく外出したのなら、カフェでまったりお茶を飲むより、一軒でも多くショップを覗いて歩きたい」タイプです。何となく、時間がもったいないような気がして。

でも、私の母は外でお茶を飲むのが大好きで、その相手をしていた娘もカフェ好きに育ちました（笑）。

そしていつの間にか私も、外出先で素敵なカフェを見つけては、ゆっくりとお茶飲むのが好きになっていました。オープンテラスの席に座って、道行く人のファッションを眺めているのも楽しみのひとつ。カフェのインテリアやコーヒーカップなどを眺めるのも好きです。ベンチシートだとレアも一緒に座れるのでいいですね。

通り慣れた道であっても、「あら、こんなところにまた新しいカフェが……」ということもしばしば。多様なカフェを楽しむことで、いい刺激をいただいています。

カフェ選びの条件は……「犬ＯＫ」でレアと一緒に入れること。そして、車が駐車しやすいところだと、なおありがたいです。

カフェ探しの情報ソースはネットだったり、娘だったり。今や「カフェ探し」自体、趣味のひとつですね。

そしてカフェに付きものなのがスイーツです。アフォガードにはまったり、クレープにはまったりと、お目当てのスイーツを探してカフェめぐりを楽しんでいます。

振り返れば20年。この家を建て替えて私は人生の再出発を果たしました

現在の住まいを建て替えてから、もう20年が経ちました。あっという間でしたね、本当に。自分の理想の家を実現したくて、あちこちショールームに通ったり、雑誌を見たり……。

50代半ばで、しかもひとりで家を建て替えるなんて無謀かしらと、10年悩みました。でも今、改めて振り返ると、いいタイミングでの決断でしたし、あの時でなければできなかったかもと思います。

私は末っ子で家族に見守られて育ち、結婚後は主人に頼り……でも、この家に関

してだけは、本当に全部、自分で決めて実行しました。娘達も「ママが好きなようにしたらいいいんじゃない」って言ってくれたのが、最終的に背中を押してくれた、ひと言だったかもしれません。

前の家を解体する時は、娘達と一緒に家中の壁という壁にマジックで「ありがとう」と大きな文字で書きました。家が取り壊されて、何もなくなった土地を自分の目で見て、私は「ここからはひとりで立って生きていかなければいけない」ことを、やっと頭と体で理解したのだと思います。

現在の家が完成したときには本当に感動しましたし、自分ひとりで「やり遂げた」という充足感でいっぱい。まさに人生の再出発でしたね。

たった半年の間でしたが、それまで近所にひとりで住んでいた母と同居することができたことも、今となってはいい思い出です。

ジムに通ったことはありません。毎日の家事がそのまま、私のエクササイズです

家を建てるときにこだわったことのひとつが、リビングを「明るい空間」にすること。高い天井と、床、壁、家具、すべてを白で統一しました。たっぷりと光を取り込む大きな窓と、ガーデニングも楽しめる中庭を設けました。

「自分の家に愛情を持つ」ってすごいことですね。以前はそれほど、掃除が好きなわけではありませんでしたが、タイル敷きの白い床をピカピカに保ちたくて、フロアワイパーを手に、せっせとお掃除するようになりました。ちょっとサボると、汚れが落ちにくくなって大変。私的ライフスタイルの革命ですね（笑）。

とはいえ、決まったルーティーンを設けてストイックに家をきれいにしているかと言えば、そうでもなくて。ルールもあえてつくらず、ごくおおらかなものです。どこも「気になったらすぐにやる」って感じかな。毎日のお掃除とは別に、しょっちゅうお掃除しています。

庭では「アイスバーグ」という品種のバラを育てています。その他にも季節のお花をポットでいくつか。毎朝、咲き終わった花や傷んだ葉を摘み取るのが日課です。

主人はテニスとゴルフが好きだったので、私も一緒に楽しんでいましたが、もう10年以上、スポーツらしいことは何もしていないし、ジムに通ったことも一度もないんです。でも、わざわざ時間を割いてジムにいかなくても、家事を真面目にやると、かなりいい運動になるのではないかしら。レアがいるからお散歩にも行きますし、ウォーキングならデパートの中を歩くのが一番、楽しいんです。みなさんも楽しいことで体を動かしてくださいね。

毎日のルーティーンは……
のんびりマイペースで進めます

演じた役柄の印象でしょうか、おしとやかだと誤解されることも多いのですが、実は結構力持ちですし、ちょっとした模様替えなど、何でも自分でやってしまいたいタイプ。更年期に悩まされることもなく、病気と言えば子宮筋腫で入院したくらい。おかげさまで健康には本当に恵まれています。

「健康のために規則正しい生活を」など、特に意識することもなく、どちらかというと夜型人間。仕事柄もありますし、主人も同様に不規則な仕事でしたから、そもそも毎朝、同じ時間に起きて出かけるという生活を送ったことがないのです。

寝るのは日付をまたいでしまうこともあります。仕事のスケジュール次第で朝が早い日もあったり、遅い日もあったりします。

朝は目覚ましを使っていません。何の予定もなければ、目が覚めてもベッドでゴロゴロする日も。レアも私が起きなければ全然、起きないんです。だから、朝起きたらまずレアを起こしてトイレをさせて、ごはんをあげます。そして、レアがごはんを食べてる間に私は庭に出るんです。レアがついてきちゃうと作業ができないので、食べている間に、お花にお水をあげたりお掃除したり、枝を切ったり。

リビングから庭に出るドアの横に帽子とサングラスを置いて、いつでもさっと帽子をかぶって作業できるようにしてあります。

庭のことを全部済ませたら、リビングで新聞やメール見ながら、オレンジジュースを飲みます。それから家の掃除です。掃除や雑用に関しては、やりだしたらきりなくいろいろあるので、1時間から長いと2時間くらいかけてやるのが日課です。

ブランチはその日の気分で。ひとり時間を楽しんでいます

部屋の掃除を済ませたら、朝昼兼のブランチをいただきます。美味しいものは大好きですが、食べることにそれほど、強いこだわりはないので、ひとりの食事は簡単に用意できるものばかり。前日の残りをちょっとアレンジしたり、パンとサラダをいただいたり。

手作りのスムージーは、ジューサーミキサーにオレンジジュースといちじく、もしくはいちごなど、季節のフルーツと組み合わせて作ります。身支度しながら、サプリメントとスムージー、パンで済ませてしまうことも多いですね。

サプリは、お医者様に処方していただいているものの他に、ローヤルゼリーなど。ローヤルゼリーはかなり長く続けていますが、そのおかげなのか(?)体調を崩すことなく過ごせています。とはいえ、サプリは凝りだすと種類がたくさんあってキリがないので、過信し過ぎないよう、頼り過ぎないようにはしています。

この他には、温めた豆乳にオリゴ糖を入れたインスタントコーヒー、豆乳オレのようなものを、必ずマグカップでたっぷり2杯飲んでいます。

たびたびインスタにもアップしていますが、多いときには1日2回、3時と夕食後のデザートに、甘いものをいただきます。いいのかな?　と思いながらもスイーツはしっかり食べてしまうんです。

ひとり暮らしのメリットは、何と言っても自由気ままに、自分の時間を使えるところ。やりたいことをあれこれ考えていると、退屈している時間もないですね。充実した時間を過ごせていることに、日々感謝しています。

ゲストをお招きする習慣が、家の中をきれいに整える、最大のモチベーションです

家の中は常にピカピカ！　かというと、そうでもない日もありますが、いつでもゲストをお呼びできる家でありたいですし、自分でも気持ちがいいので、できるだけ家の中を整えておくための努力は惜しみません。季節の花も欠かさず飾るようにしています。

特にわが家はオープンキッチンなので、片付いていないと、リビングにまで生活感が漂ってしまうんです。お客様がいらしたときは、「キッチンハウス」のショールームで見つけたアイランド型のカウンターでコーヒーを淹れて。もうひとつ、奥

の壁際にシンクとコンロがあるので、こちらは調理用と使い分けています。

ひとりでは大きすぎるほどのキッチンですが、ゲストを招いたときには、料理しながらお客様と会話ができるし、やろうと思えば大勢で料理ができるし、本当に便利。

インスタには、よくわが家でのお集まりの写真をアップしていますが、私がよそのお宅を訪問することはあまりなくて、お招きすることが多いのです。よそのお家にも興味があるから、伺ってみたいのですが……。でも、レアを連れて行けないから、どうしても「うちくる?」ということになるんですよね。

とはいえ、自然と人が集まる家に住んでいられるのは、ありがたいことです。

それに、お客様が頻繁にいらっしゃることは、私のお掃除への最大のモチベーションョン。もし、「家に誰も来ないから、もうどうでもいいわ」って思ったら、あっという間に家の中が荒れてしまうかもしれませんね。

実は自撮りも得意です。カフェでの写真はタイマーを使って

インスタに上げている写真は、娘に撮ってもらうこともありますが、自撮りすることもあります。実は外で撮った写真も、カフェでのショットなどの中には自撮り写真もあるんですよ。三脚とか自撮り棒を使ってではありませんが、テーブルの上など、ちょうどよさそうなところにスマホをセットして、タイマーを使って撮影します。お客様に料理を作ったときなど、動画を撮るときは、長女が撮ってくれることが多いかな。私はハヤシライスなど、少しの量を作るのが苦手なので、いつも大量に作って娘にお裾分けして、ついでに写真も……というパターンも多いですね。

お手製のランチョンマットやコースターは家族で過ごした思い出の品です

手作りは、その過程を楽しんでいます。以前はランチョンマットやコースターなど、ちょこちょこと作っていました。主人と一緒に焼いた箸置きや、彼が愛用していたコースターなど、ひとつひとつに思い出が詰まっていて、感慨深いです。

ゲストが集まることが多いので、ティーセットやカトラリーも、かなりの数を集めました。何でもセットで揃えるのが好きなので、すごい量(笑)。でも、家を建て替えるときにたっぷりと収納を確保したので助かっています。アイランド型のキッチンカウンターの引き出しには、こまごまとしたのものがギッシリ収められています。

主人が大好きなウイスキーを飲むときに、いつも使っていたコースターは「九」をアップリケした手作りの品。

家族で茨城県の笠間焼の窯を訪れたときに４人で焼いた箸置き。なぜヒラメ？ かは忘れました（笑）。

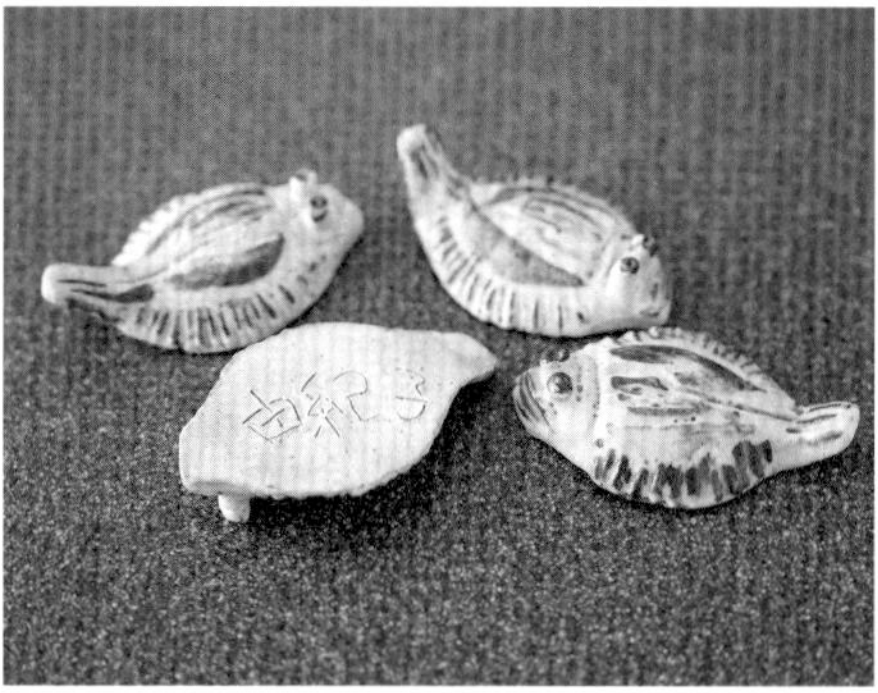

「エルメス」のリボンを使って手作りしたランチョンマット。ベージュのレザーやキャンバス地でシックに。

スキンケアはシンプル。スペシャルケアで血行改善しています

みなさんが興味を寄せてくださっている中で申し訳なくなるほどなのですが、スキンケアはいたってシンプルです。

基本は、クレンジングをして、ティッシュで拭いて、洗顔フォームで洗って。終わったら、化粧水と乳液。寝る前はこれにクリームが加わります。

スポットケアは、以前はアイクリームなども使っていましたが、今はほとんど使いません。よほど疲れたときだけ、シートマスクをしています。

エステは月に一度。もう30年以上も通っている「ゲラン」に。ずっと変わらず同

じエステティシャンの方にマッサージを中心に血行改善のケアをしてもらっています。あとは去年のクリスマス（お誕生日）のプレゼントに娘からもらった、パナソニックのスチーマー。お化粧前、時間があるときに。特別なスキンケアは、これくらいでしょうか。

メイクして外出したら、帰宅してすぐ顔を洗うという方もいらっしゃいますが、私はお風呂に入るまでそのまま。お風呂に入る直前にクレンジングをして、入浴時に洗顔をしています。お話するのをためらうほど無頓着な私ですが、唯一、心掛けているのは、クレンジングを丁寧にすること！　ポイントメイクは必ずアイメイクリムーバーで落としてから、全体をクレンジングします。オイルは油分を取り過ぎるような気がするのでミルクタイプを使っています。

アイメイクリムーバーは、もう何十年もランコム。マスカラやアイシャドウが進化して落ちにくくなっているのはいいけれど、気をつけないと肌に負担がかかります。目元の肌はデリケートなので、アイメイクリムーバーだけは気を使っています。

日焼けについては、あまり神経質には考えていません。そもそも私の20代30代は、日焼けに対してもおおらかというか、小麦色の肌がよしとされていた時代。紫外線ケアなんてゼロだったんですよ。

肌をテラコッタ色に焼いたヨーロッパのマダムが格好いいと憧れて、夏前にはわざわざ肌を焼きに行ったりして。日焼け後もそれほど、特別なケアをしていた記憶はありません。

もちろん今となっては、日焼けが肌にとってよくないことだと理解していますが、日傘は使いませんし、毎朝の庭の手入れも起き抜けのノーメイク。さすがに帽子はかぶりますが、紫外線対策は「負担に感じない範囲」が基本です。

「今日は少し日焼けしちゃったから、パックしておこうかな」くらいの気持ちで、気楽にやっています。

ファンデは明るく、マットにし過ぎないこと。シミやくすみをカバーし過ぎないことも大切

女優という職業のせいか、メイクにもこだわりがあるのでは？ と思われがちですが、実はこちらもあまり詳しくありません……が、最近、メイク用品に目覚めたので、少しお話しますね。デパートのコスメカウンターに行くとBA（ビューティアドバイザー）の方が、すごく親切に説明してくださるでしょう？ あのやり取りがとても楽しいことに気づきました（笑）。

ファンデーションは10年以上、「アルマーニ」でしたが、最近「ディオール」も使っています。1度使って気に入ると、そればっかりになってしまうのが、昔から

のクセです。

ファンデーションは明るめを薦められるのですが、私としては「ちょっと浮いてるのでは?」と思うことがあるので、明るくし過ぎないように気をつけています。理想としては、もう少し艶感を出したいかな……。

目元のくすみが気になるので、コンシーラーにも興味があったのですが、ファンデーションがヨレてしまったり、使いこなすのが難しそうで。仕事でヘアメイクをお願いしている正木万美子さんに相談したら、コンシーラーを使わなくても、Tゾーンにハイライトを入れることで視線をずらし、くすみが気にならなくなりますよと教えていただきました。

スキンケアはシーズンごとに進化しているから、同じものを使い続けることによって、逆に古びてしまう場合もありますよね。新しい情報に敏感に、できるだけアップデートが必要と実感しています。

眉が印象の決め手。メイクも洋服同様、足し算よりも引き算を意識して

アップデートが必要なのは、眉のかたちやアイシャドウも同じですよね。顔の印象を変えたいときは、眉を変えるのがおすすめかも。ですから仕事のときにはヘアメイクさんに「最近はこういう描き方なんですよ」など、教えていただくようにしています。もちろん、自分で雑誌を見たり、最近はYouTubeも見ているんですよ。いわゆるプチプラコスメも試します。「KATE（ケイト）」とか「MAYBELLINE（メイベリン）」とか。ドラッグストアで売られていて、新商品が次々と出るので、プチプラだと試しやすいですね。

もちろん、トレンドが自分に似合うかというのは別問題なので、全部取り入れることはありませんが、ちょっと「知っている」だけでメイクは変わるので、「新しいことはとりあえず小耳に挟む」くらいはするようにしたらどうでしょう（笑）。

私は10代でモデルをしていた頃からの習慣で、基本的なメイクはすべて自分でやっています。もちろん、撮影のときはプロのヘアメイクさんがいらっしゃいますが、ベースは自分でやって、「仕上げ」をお願いしている感じです。自分の手でやらないと、何となく「柏木由紀子の顔」にならない気がして。

こだわりがあるとしたら、アイライン。ペンシルタイプとリキッドタイプで重ね塗りしています。もともと口紅は苦手ということもあり、目元をしっかり描く分、引き算でリップには色味を強く感じさせるものはあまり付けません。無意識のうちにバランスをとっている気がします。こういう足し算・引き算が大切なのは、お洋服もメイクも同じですね。

無心で集中できるのが編み物の魅力。製図を引いて、オリジナルをデザインします

編み物は、私の人生で一番、長く続いている趣味かもしれません。母が編み物が得意でしたし、70年代、80年代は、編み物がすごく流行っていたんです。

私は本を見てその通りに編むよりも、オリジナルで編むことが多いですね。本に載っていたものも、自分流にアレンジしたりして。

ニットのよさは、体のラインを拾わないことと、アレンジの自由度が高いこと。「いいな」と思った既製品でも、「もう少し着丈が長ければ」……などと思うことってありますよね。自分で編めば、色違い、丈違い、素材違いなど、いろいろとアレ

自分で編んだ作品は、編み図などをファイリングして保管。スナップ写真を見ると思い出が蘇る。

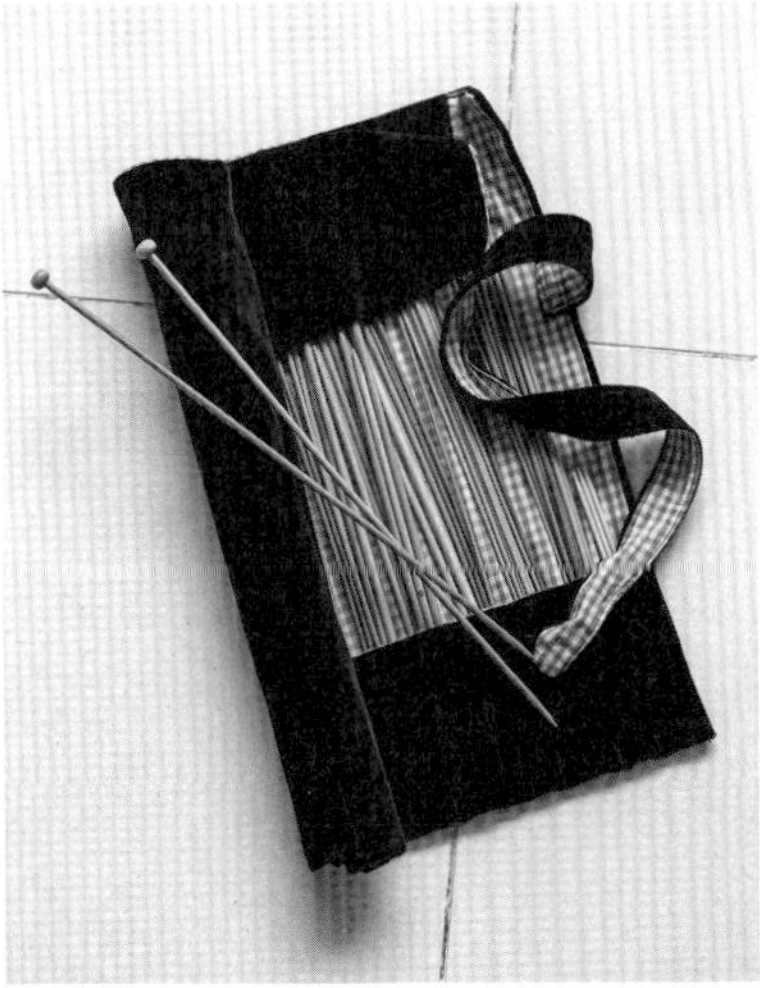

「編み棒を忘れては買い足していたので、同じものがたくさん」。編み棒を整理する袋も手作り。

ンジが可能です。

今まで、主人や娘たち、自分のものをたくさん編んできました。手芸店の先生に相談して、編み図をおこしていただいたり、自分で図面を引いたオリジナルが作れるようにと、教室にも通って。編み物の本のモデルをしたこともあるんですよ。

私がメモ魔であることはお話しましたが、編み物に関して言えば、これまで編んだものは、編み図や糸に関する情報など、すべてファイルにまとめています。減らし目とか、編み方のポイントも全部メモしてあるんですよ。実際に着用した写真も添えて。懐かしいですね……！

最近では、完成した作品はインスタで披露しています。自分のものも編みますが、レアの服を編むのも楽しみのひとつ。以前から、レアのリードと私のお洋服やベルトなど小物の色を合わせる「リンクコーデ」はしていますが、ここにニットも加わって、ますますコーディネートが楽しくなりました。

寒さ調節にはカイロや防寒用のインナーが活躍

お友達の酒井和歌子さんにも驚かれるのですが、私は真冬でも靴下はほとんどはきません。スニーカー用のスポーツソックスも持ってはいますが、だいたいストッキングかタイツです。

冬はブーツでも厚手のカラータイツです。足が綺麗に見えるし、意外に温かいんですよ。

「寒いから靴下」より、背中に必ずひとつ使い捨てカイロを貼ったり、防寒用のインナーを活用したりと、見えないところで温度調節しています。

ショルダーラインと〝小顔〟の意外な関係

これも何度かお話ししていますが、コーディネートでは肩のラインに気をつけています。そのため、ありとあらゆるアイテムに肩パッドは必需品です。

どんな素材、どんなデザインにもフィットするよう、いろいろな形と厚さを用意して、「見た目にわからない」ように肩パッドをしのばせるのがポイント。

綿のものなら両面テープ、ウールやニットにはマジックテープで装着しています。両面テープは常にバッグに常備していると言ったら、驚かれてしまうかしら。

でも、縫い止めてしまったら、いくつあっても足りないので、お気に入りの肩パッドは大切に使っています。

先日も「ユニクロ」のTシャツを着ていたときに、「素敵なシルエットね。どこのブランド?」って聞かれたので、「肩パッド入りのユニクロよ」と説明しました。多分、いわゆるドヤ顔になっていたと思います（笑）。

でも最近では肩パッドがあまり売られていなくて困ってしまいます。自分で作ることはしませんが、サイズを修正することなどはマメにしていますよ。

肩パッドの効能としては、ショルダーラインをきれいに見せることと、「小顔効果」があること。私は皆さんから「お顔が小さいわね」と言っていただくのですが、これも多分、肩パッドの威力です。全身のバランスを見ても、上半身が薄くて幅が狭いボディをカバーするには、やっぱり肩パッドは最強なんです。

アイディアとセンスを活かしてオリジナルバッグを企画中！

子供の頃からバッグは大好き。ある時期は動物モチーフにファスナーが付いたものを大切にして、いつも持ち歩いていました。

今でも、面白いデザインのものが好きで、よく持っています。バイオリンのかたちやラグビーボール、キャップの形のバッグもあるんですよ。

「エルメス」に目覚めた頃は、パリの本店とファクシミリで直接やりとりをして、「この形でこういうのが欲しい」とか「色はこれ」「ネームや購入した日付を入れて」など、少しでも自分らしいものを手に入れようと頑張りました。楽しかったな！

「エルメス」は今、すごく高価ですし、注文してもなかなか手に入らないようですが、80年代くらいまではかなり自由にオーダーできたんです。

そうそう。オリジナルと言えば、40年くらい前に私が企画・製作したバッグを、なんとか復活できないか、現在、模索中です。

昔、ラスベガスに行ったときに、光るネクタイやイヤリングをみつけて買ってきたのがアイディアのベース。「バッグも光らせたい！」と思って試作品を作ったのですが、当時は吉永小百合さんがもってくださり、雑誌にも載ったんですよ。

なかなか製作が難しくて難航中なのですが、このバッグを進化させてリニューアルするのが、目下のわたしの夢です。

chapter 3

柏木由紀子
クロニクル

極端な内弁慶でおしゃれが大好き。劇団入団後に、モデルの仕事を始めました

子供のときからおしゃれが大好きでした。父は会社を経営していて、私は三姉妹の一番下。姉たちとは2歳ずつ違います。

幼い頃の思い出と言えば、銀座で喫茶店を経営していた母と、一緒によく銀座を歩いたこと。不二家に行って、チョコレートパフェを食べるのが楽しみでした。

でも、先日姉妹で会った時、姉たちから「あれはユッコだけなのよ、あなたたちは遠慮しなさいって言われてたのよ」と聞かされて、ボロボロ泣いてしまいました（笑）。そんなこと、私は全然知らなかったから。

小学校１年生の頃。誂えてもらったワンピースを着て。手には母の手作りバッグ。

母と２人の姉と。洋服のお誂えは、洋裁が得意だった親戚の方にお願いしていました。

でも後日、アルバムを見ていたら、しっかり3人でパフェを食べている写真もあったので、LINEで姉たちに送りました。多分、姉たちにしてみたら、末っ子は特別可愛がられていて、我が儘は何でも通っていたという印象なんでしょうね。実際、大切に育ててもらったと思います。

小学校5年生のときに児童劇団「若草」に入ったのは、母のすすめでした。私はものすごい内弁慶だったうえに、母はとても体の弱い人だったのです。自分がいなくなっても、いずれ自立できるようにと、母は考えたのかもしれません。

ファッションの本を見るのが大好きでしたから、モデルのお仕事は楽しかった！素敵なお洋服を着て写真を撮っていただいて、本物のモデルさんに憧れたりして。何より、あまり喋らなくて済むでしょう？ モデルの仕事って。だから「いいな〜」って（笑）。見よう見まねでお化粧したり。当時はまだ、メイクさんもスタイリストさんもいなくて、お洋服もお誂えが多かったのではないかしら。

高校2年生で映画デビュー。坂本九との運命の出会いが……

映画『明日の夢があふれてる』で映画デビューしたのは、高校2年生（1964年）のときです。母の喫茶店によくみえるお客様に松竹の方がいて、当時のアイドルスター、三田明さんの恋人役にと、誘っていただきました。翌年にはレコードデビュー。

その少し後のことだと思います。私自身はまったく知らないうちに、後に夫となる、坂本九と出会っていたのは。

そのとき、私は銀座の街を母と歩いていました。当時母はもう喫茶店はしていま

1967年、20歳の頃。ファンクラブの会報のために撮影した1枚。

デビュー間もない19歳の頃。雑誌の取材か何かで撮影していただいたもの。

デビュー曲『若い真珠』のレコーディング風景。

講談社『週刊現代』の表紙は私服で。今でもスタイリングは自分でしています。
撮影:秋山庄太郎@秋山庄太郎写真芸術館

せんでしたが、二人とも銀座の街が好きで、お買い物をしたり、取り立てて目的はなくとも、ウインドウショッピングしながら歩くのが大好きでした。母は体が弱いうえに足も少し悪くしていたため、私は片方の手で母の手を引き、もう片方の手で大きな買い物袋をふたつもみっつも抱えて歩くことが、よくあったのです。

横断歩道を、母の手を引いて歩く私の姿を、坂本九は止まっている車の中から見ていたそうです。当時、彼はすでに名の知れた大スター。

「見ろよ、あの、おばあさんの手を引いてる子。いいなぁ。俺はああいう優しい女性をお嫁さんにもらいたいよ」と呟く彼に、一緒に車に乗っていた俳優さんが「彼女なら、柏木由紀子っていう新人の女優だよ」と教えてくれたのだとか。

当然、私はそんなことがあったとは露知らず。後からこのエピソードを聞き、おばあさんに間違えられた母は怒っていましたが（笑）、このときから私の運命の歯車は、回り出していたのかもしれません。

人生で1、2を争う大決心から約1年の交際を経てゴールイン！

（私にとっては）初めて主人と顔を合わせたとき、私は22歳になっていました。偶然、同じスタジオで撮影をしており、スタッフの方からは彼が私に好意をもっているらしいことも聞いていましたが、彼から直接、電話番号が描かれたメモをもらっても電話をする気にはならず……そのまま、一年が経ってしまいました。

当時のわが家は祖母も母も「九チャン」の大ファン。彼がテレビに出る度に褒めちぎっていましたし、〝大スター〟から電話番号をもらった私自身、それを忘れるはずもありません。そんな頃、仕事で母と大阪へ行った私は、偶然、坂本九がワン

1971年12月に2人で婚姻届を提出。2人とも緊張した顔をしてますね（笑）

マンショーをしていた梅田コマ劇場の前を通りかかったのです。

母に背中を押され、意を決して彼の楽屋を訪ねた私に、彼は再び、電話番号を書いたメモをくれたのです。客席から仰ぎ見た彼のステージは、本当に素晴らしいものでした。マイク越しに私を見つめる彼が、代表曲のひとつである『マイマイマイ』を歌う頃には、多分、私は恋に落ちていたのでしょう。

一週間後、どうやって私の電話番号を調べたのか、突然、彼から電話がかかってきました。それからはボーリング、ヨット、スキー……多趣味で社交的な彼のペースに巻き込まれていくように交際がスタート。私にとっては初めてのことばかりでしたが、不思議なことに彼と一緒なら、どんなに苦手なことでも楽しめたのです。

約1年間の交際期間を経た後、1971年12月8日、主人とゆかりのある笠間稲荷神社で式を挙げました。翌日には高輪プリンスホテルで披露宴。彼は29歳、私は23歳。今振り返れば、まるでおままごとのような新婚生活が始まりました。

1972年。カンヌ映画祭でパリを訪れていた時に現地でおちあって、少し遅い新婚旅行。

120%幸せでした。たったひとつの不安は「彼がいなくなってしまうこと」

結婚して2年後に長女が、その3年後には次女が生まれ、私はまさに幸福の絶頂にいました。主人は多忙で家を空ける時間も長かったのですが、子育てにも熱心で、何でも手伝ってくれて。今風に言うならまさにイクメン。

しかも、あの世代の男性には珍しかったかもしれません。私に対する愛情を言葉や態度で示すことに、まったくためらいのない人でした。

些細なことで喧嘩をして、仲直りに書いたメモ。夜の遅い彼が私に、朝の遅い彼に私が、起きたときに見るように書いたメモ。そして記念日のカード……。数え切

一瞬たりとも離れたくなかった。甘えるばかりの私を受けとめてくる人でした。

れない程に積み重なった、彼からの「愛してる」のメモは、もちろん今も大切に保管しています。

夫婦でクイズ番組の司会をしたりCMに出演したり……「いつもきれいなユッコでいてほしい」という主人の希望で、私も意識して仕事をセーブすることもなく、ひたすら「可能な限り彼と一緒にいたい」ということだけを望んでいました。

あまりにも幸せすぎて、「もし彼がいなくなってしまったら……」と考えただけで具合を悪くしてしまい、病院に行ったこともあるほどです。

そして私は、自分でも笑ってしまうほどのヤキモチ焼きでもありました。何しろ、自分が見た夢の内容に嫉妬して、泣き叫んでしまうくらい……。今、思い出しても、私はなんて幼かったのでしょう！　ある意味、とても温かく包容力に溢れた彼にすべてを預け、ひたすら幸せな毎日を送っていたのです。

1980 年、長女の花子 7 歳のお誕生日を自宅でお祝いしたとき。

1982 年、ハワイで迎えた 12 月 31 日。ハッピーニューイヤーと街中大騒ぎ。

子供達と夫が遺した家は、私が守る。38歳で迎えた、人生のターニングポイント

幸せな日常すべてを一変させてしまった出来事は、1985年の8月12日、突然、やってきました。日航機の墜落事故により最愛の夫を失い、小学生の娘2人と3人家族になってしまったのは、私が38歳のときでした。

「二人の娘だけはきちんと育てなければ」。あの頃の私を支えていたのは、その思いだけだったように思います。私も娘たちも精神的に不安定になってしまい、私自身は主人と一緒に亡くなったマネージャーの奥さまや女優の黒柳徹子さんなど、いろいろな方と電話で話すことで、何とか心の平衡を保っていたという感じです。

主人が亡くなって間もない頃。

仕事復帰を決めたのは、事故から半年後。それまで家計は主人に任せきりでしたが、初めて自分が管理する立場になって、娘達を育てるためにも、主人の遺してくれた家を守るためにも、自分が「働こう」と決めたのです。お洒落どころの日々ではありませんでしたが、テレビや雑誌の仕事や講演など、人前に出る時間が増えていけば、自然と「きれいにしてなきゃ」という意識が強くなっていくものです。意識して、あえて明るい色のお洋服を着るようにしていました。

ヨーロッパに2週間近くロケに行く仕事では、「パリだったらこんな着こなしがいいかしら」「ロンドンの街並みにはこんな色が似合うかも」など、スタイリストさんにはお願いせず、自分で衣裳を探す面白さを知ったのもこの頃です。

今、思えば、本当に仕事には助けられました。辛い辛い時期でしたが、泣きはらした顔では仕事には行けない。鏡に映る自分の顔を見て、「しっかりするのよ！」と自分を鼓舞して。仕事とおしゃれに、救われ、支えられた40代でした。

主人が亡くなって娘達が寂しくないように飼いはじめたマルチーズの桃吉。

1990 年、『世界ショッピング紀行』のロケでパリに。

1990年、ロケで訪れたアイルランドのアポカ牧場、羊の群れの前で。

1996年、親子3人でニューヨークへ旅をしました。

1995年テレビ番組のロケでドイツを旅したときの1枚。

1998年、お正月。久しぶりに着物で新年会へ。

人生の巡り合わせは不思議なもの。私もやっと、新たな道を自分の足で歩きはじめました

第2章でも書きましたが、長年住み慣れた自宅を建て替えたのは、２００４年のこと。実はこの頃、私と娘たちは、精神的にも物理的にも、バラバラの家族でした。高校2年生で宝塚音楽学校に合格した次女は、すでに93年、17歳で家を出ていました。子離れの準備がまったくできていなかった私は、長女に甘えすぎてしまったのです。子供の頃からしっかりしていた長女は、「私がママを支えなければ」という責任感から、ずっと気を張っていたのでしょう。いつまでたってもうるさく干渉してくる私にいらだち、「私はママの所有物じゃない！」と言い放つこともありま

した。〝遅れてきた反抗期〟はなかなか厳しく、とうとう、私が52歳のとき、20代後半になった長女は家を出て、一人暮らしをはじめました。

私は本当に、〝ひとり〟になったのです。

52歳で「子離れしないと」「自立しなくては」というハードルに直面するなんて、随分のんびりしていると思われるかもしれませんね。でも、主人の死から10年あまりは、私にとっても娘にとっても、時間が停まっていたような感覚なんです。だから、この〝失われた10年〟を取り戻すためにも、母娘がそれぞれひとりで自分と向き合う時間は必要だったし、新しい人生のスタートを切るきっかけとして、家の建て替えは、これ以上望めないほど、絶妙なタイミングだったのかなと思います。

不思議なものですね、人生の巡り合わせって。数年前からは娘たちも近くに住んでいるので、時間が合えば一緒にお茶をしたり、食事をしたり。孫たちも含め、楽しい時間を過ごしています。

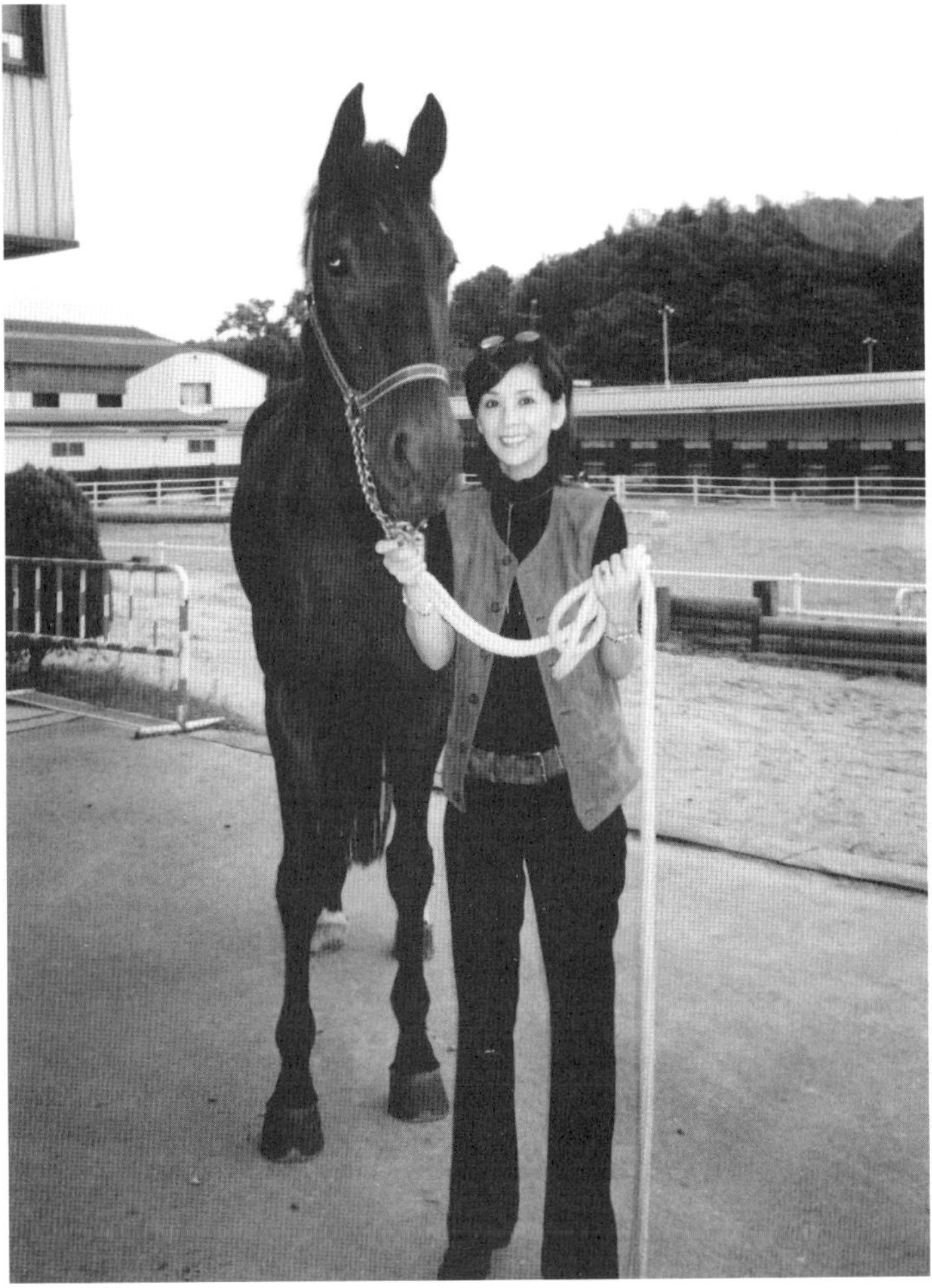

50 代の頃。学生時代の友人の乗馬クラブにて。

おかげさまで、インスタのフォロワー数が10・7万人を突破しました！

親子で楽しんだことで一番印象に残っているのは、2006年に3人でスタートさせた〝ママ・エ・セフィーユ（「ママと娘たち」という意味のユニット名）〟。ミニアルバムのリリースや歌番組の出演、コンサートなどの活動を行ってきました。コロナの影響で今はお休みしていますが、また新しくはじめられたらいいですね。

「ブログを書いてみようかな」と思い立ってからは、はやいもので13年ほど経ちました。最初は右も左もわかりませんでしたが、長女に手伝ってもらいながら、インスタグラムも始め、今では10万人以上の方にフォローしていただいています。

1998年、親子3人でヨーロッパ旅行したとき。パリにて。

おわりに

自分では年齢をあまり意識することなく今日まできましたが、気がついたら77歳になっていました！　今回、第3章の「クロニクル」のページのために、改めて懐かしいアルバムを眺めていたら、子供の頃に着ていたお洋服、20代の頃のお洋服、一枚一枚の思い出が鮮明に蘇ってきました。長い月日を感じましたし、改めて、お洋服が大好きだったんだなと実感しています。

私は根っからの「末っ子気質」のためなのか、いまだにお目にかかる方は「誰でも年上」に思えてしまうのですが、「実は年下」の方も多くなって、特に最近では若い方から、「柏木さんから元気をいただいています」とお声がけいただく機会も増えました。長いこと「自分ひとりの楽しみ」だったファッションが、ここ数年、ブログやインスタ、そして書籍を通じて、多くの方に何か大切なものをお届けできているとしたら、私にとっても本当にありがたく、うれしい限りです。

今回、この本を出版するにあたりご尽力くださった、編集者さんやカメラマンさん、ライターの河西真紀さん、そしてスタイリストの犬走比佐乃さん、ヘアメイクの正木万美子さん、関わってくださったすべてのスタッフの方々に、この場を借りて、お礼を申し上げさせてください。

そして最後に、私の大切な人、ひさし（坂本九）さんへ。

あなたがいなくなってから、もう40年になります。いつも褒め上手で、「きれいにしているユッコが好きだから、仕事は続けたら？」、そう言ってくれましたね。ねぇ、私のことちゃんと見てる？　娘達は立派に巣立ちましたよ。私、頑張ってるでしょ？　いっぱい褒めてね！　そしてこれからも、ずっと見守っていてね。

令和七年三月吉日　　柏木由紀子

柏木由紀子　かしわぎ・ゆきこ
女優。1947年、12月24日、東京都生まれ。小学生の時に劇団若草に入団。雑誌『女学生の友』などのモデルをつとめる。1964年『明日の夢があふれてる』（松竹映画）で映画デビュー。その後『細うで繁盛記』『華麗なる一族』ほか数々のドラマで人気を博す。1971年に坂本九さんと結婚後も女優、司会などとして活躍。2017年よりはじめたInstagramは同世代の女性を中心に人気を集め、フォロワー数は10万人を超える（2025年2月現在）。
著書に『上を向いて歩こう』『柏木由紀子　ファッションクローゼット』（ともに扶桑社）『星を見上げて歩き続けて』（光文社）などがある。

写真　嶋田礼奈（本社写真部）
デザイン　若山嘉代子　L'espace
ヘアメイク　正木万美子（afeel）
スタイリング協力　犬走比佐乃
編集協力　河西真紀

YUKIKO《ゆきこ》 STYLE《スタイル》

2025年4月15日　第1刷発行

著者　柏木由紀子《かしわぎゆきこ》
発行者　清田則子
発行所　株式会社　講談社
〒112-8001　東京都文京区音羽2-12-21
販売　☎03-5395-5817
業務　☎03-5395-3615
編集　株式会社講談社エディトリアル
代表　堺 公江
〒112-0013　東京都文京区音羽1-17-18　護国寺ＳＩＡビル６Ｆ
編集部　☎03-5319-2171

KODANSHA

印刷所　株式会社ＤＮＰ出版プロダクツ
製本所　株式会社加藤製本

ISBN978-4-06-538186-1